Nueva Zelanda

Julie Murray

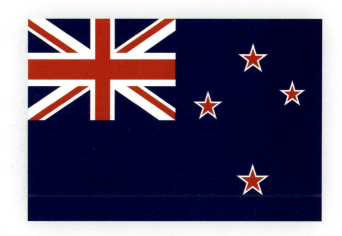

Abdo Kids Jumbo es una subdivisión de Abdo Kids
abdobooks.com

abdobooks.com

Published by Abdo Kids, a division of ABDO, P.O. Box 398166, Minneapolis, Minnesota 55439. Copyright © 2024 by Abdo Consulting Group, Inc. International copyrights reserved in all countries. No part of this book may be reproduced in any form without written permission from the publisher. Abdo Kids Jumbo™ is a trademark and logo of Abdo Kids.

102023
012024

THIS BOOK CONTAINS RECYCLED MATERIALS

Spanish Translator: Maria Puchol

Photo Credits: Alamy, Getty Images, Shutterstock

Production Contributors: Teddy Borth, Jennie Forsberg, Grace Hansen
Design Contributors: Candice Keimig, Pakou Moua

Library of Congress Control Number: 2023939973
Publisher's Cataloging-in-Publication Data
Names: Murray, Julie, author.
Title: Nueva Zelanda/ by Julie Murray
Other title: New Zealand. Spanish
Description: Minneapolis, Minnesota: Abdo Kids, 2024. | Series: Países | Includes online resources and index
Identifiers: ISBN 9781098269937 (lib.bdg.) | ISBN 9798384900498 (ebook)
Subjects: LCSH: New Zealand--Juvenile literature. | New Zealand--History--Juvenile literature. | Islands of the Pacific--Juvenile literature. | Geography--Juvenile literature. | Spanish Language Materials--Juvenile literature.
Classification: DDC 993--dc23

Contenido

Nueva Zelanda 4

Geografía 8

Animales 18

Deportes 20

Lugares emblemáticos 22

Glosario 23

Índice 24

Código Abdo Kids 24

Nueva Zelanda

Nueva Zelanda es un país insular. En él viven alrededor de cinco millones de personas. El pueblo maorí constituye el 17% de la población.

Wellington es la capital de Nueva Zelanda. Auckland es la ciudad más grande del país. En ella vive un tercio de toda su población. Christchurch es la segunda ciudad más grande y es conocida por sus amplias zonas verdes.

Geografía

Nueva Zelanda está al sur del océano Pacífico. El país tiene dos islas principales, la Isla Norte y la Isla Sur.

Australia

Nueva Zelanda

Isla Norte

●Auckland

mar de Tasmania

●Wellington

Isla Sur

●Christchurch

océano Pacífico

La Isla Norte tiene de todo, desde montañas hasta playas de arena. También tiene kilómetros de colinas. La ciudad de Rotorua es conocida por su actividad **geotérmica**. Aquí hay fuentes termales y **géiseres**.

Nueva Zelanda está en la zona del **Anillo de Fuego**. Hay 12 volcanes **activos** en el país. El volcán Isla Blanca entró en erupción por última vez en 2019.

Isla Blanca

Los Alpes del Sur se encuentran en la Isla Sur. El monte Cook es el punto más alto del país, mide 12,217 pies de altura (3724 m).

En la Isla Sur también hay **glaciares** y playas **pedregosas**. Fiordland tiene aguas cristalinas, montañas escarpadas y vistas impresionantes.

Animales

El país cuenta con una gran variedad de animales. Los kiwis son aves no voladoras que sólo se encuentran en Nueva Zelanda. A menudo se ven pingüinos, ballenas y delfines en las costas.

Deportes

El críquet, el fútbol y el rugby son deportes populares en Nueva Zelanda. Los All Blacks son el equipo de rugby más laureado del mundo. Antes de cada partido interpretan la *haka*, una danza de guerra maorí.

Lugares emblemáticos

Hobbiton
Matamata, Nueva Zelanda

cascadas de Huka
Taupo, Nueva Zelanda

Milford Sound
Parque nacional Fiordland,
Nueva Zelanda

cuevas de Waitomo
Waitomo, Nueva Zelanda

Glosario

activo – volcán con actividad o con un historial reciente de erupciones.

Anillo de Fuego – ruta a lo largo del océano Pacífico caracterizada por volcanes activos y frecuentes terremotos.

geotérmico – relativo al calor producido en el interior de la tierra.

glaciar – enorme placa de hielo que se forma con nieve compacta en regiones muy frías.

géyser – manantial que lanza al aire cada cierto tiempo un chorro de agua caliente, vapor o lodo.

maorí – pueblo polinesio originario de Nueva Zelanda. El pueblo maorí se ha esforzado por mantener vivas sus tradiciones mediante la práctica de ciertos rituales, la recuperación de su lengua y el reconocimiento de sus antepasados.

pedregoso – que su superficie es rugosa o está rota.

Índice

agua 8, 10, 16

All Blacks (equipo de rugby) 20

Alpes del Sur 14

Anillo de Fuego 12

animales 18

Auckland 6

capital 6

Christchurch 6

deportes 20

Fiordland 16

haka 20

Isla Blanca 12

Isla Norte 8, 10

Isla Sur 8, 14, 16

maorí (tribu) 4, 20

monte Cook 14

océano Pacífico 8

población 4, 6

Rotorua 10

volcán 12

Wellington 6

¡Visita nuestra página **abdokids.com** para tener acceso a juegos, manualidades, videos y mucho más!

Los recursos de internet están en inglés.

Usa este código Abdo Kids

CNK1719

¡o escanea este código QR!